उलझे से धागे

हिंदी कविता संग्रह

डॉ. आशुतोष शर्मा

BookLeaf Publishing
India | USA | UK

Made with ❤ on the BookLeaf Publishing Platform
www.bookleafpub.in
www.bookleafpub.com

Dedication

समर्पण

यह काव्य संग्रह 'उलझे से धागे' प्रख्यात शिक्षाविद एवं पद्मश्री, डॉ. पूनम सूरी जी, अध्यक्ष, डी. ए. वी. कॉलेज प्रबन्धकर्त्री समिति के प्रेरक जीवन को समर्पित है, जिन्होंने भारत के शिक्षा-परिदृश्य को बदलने में उत्कृष्ट भूमिका निभाई है।

Preface

प्रस्तावना

मानव जीवन में हम अक्सर अपने विचारों, संवेदनाओं, कर्तव्यों, अपनी आकांक्षाओं, और प्राकृतिक घटनाओं के ताने-बाने में खुद को उलझा-सा पाते हैं। उलझनों को सुलझाने के चक्कर में कई बार हम ज़रूरत से ज़्यादा ज़ोर लगाकर उनमें गांठें बना लेते हैं, जो सुलझानी और भी उलझन भरी प्रतीत होने लगती हैं।

अपने डी. ए. वी. विश्वविद्यालय के अध्यापन और शोध के कार्य के दौरान, जब मैंने अपने आसपास की उलझनों को देखा, तो अपने चालीस वर्षों के अनुभव को उन उलझनों से जोड़कर उन्हें एक कविता संग्रह के रूप में संजोया। इन कविताओं की पंक्तियों में कई बार हमारी अक्षमताओं का ज़िक्र आएगा, तो कई बार हमारी क्षमताओं का; कई बार सूक्ष्म संवेदनाएं दिखेंगी, तो कई बार बड़ी लालसाओं का वर्णन भी होगा।

आओ, हम साथ मिलकर इस काव्य संग्रह को पढ़ें और जीवन के उलझे धागों की उलझनों को समझकर, उन्हें अपने तरीके से सुलझाने का प्रयत्न करें। आशा करता हूं कि आपकी काव्य यात्रा सुखद रहेगी।

साभार
डॉ. आशुतोष शर्मा

Acknowledgements

अभिस्वीकृति

किसी भी कविता का सृजन भावों को शब्दों में पिरोने से होता है, और समस्त भाव हम, केवल अपनों के साथ से ही समझ पाते हैं। परमेश्वर की असीम अनुकंपा से मुझे इन भावों को शब्दों में पिरोकर उन्हें छंदोबद्ध करने की शक्ति मिली। इस काव्य रचना 'उलझे से धागे' के संकलन और संपादन के दौरान जिन भी व्यक्तियों का साथ मिला, उन सभी का हृदय से आभार।

सर्वप्रथम परिवार के समस्त सदस्य, माता-पिता (श्रीमती कमला शर्मा और श्री सतीश कुमार शर्मा), मेरी धर्मपत्नी (श्रीमती इंदु शर्मा), प्रिय सुपुत्र (चिरंजीवी अभिनंदन शर्मा) एवं छोटी बहन (श्रीमती अर्पणा कालिया) का साथ शब्दों में बयान नहीं किया जा सकता। अन्य समस्त रिश्तेदार एवं मित्रगण, जिन्होंने सदैव साथ दिया, उन सबका बहुत-बहुत शुक्रिया। मामा जी (श्री विजय शर्मा) के कवि होने, और काँगड़ा, हिमाचल प्रदेश के मशहूर पहाड़ी कवि (श्री संसार चंद प्रभाकर) के गांव में जन्म लेने का सौभाग्य मिलने के कारण, बाल्यावस्था से ही कविताओं और कविता लेखन में रुचि उत्त्पन्न हुई, एवं अध्यापकों और मित्रगणों के प्रोत्साहन से लेखनी को बल मिलता चला गया। इन सभी की प्रेरणा स्वरूप, आपके समक्ष यह काव्य रचना 'उलझे से धागे' प्रस्तुत है।

आशा है की इसे भी आप सब पाठकों का स्नेह मिलेगा।

कृतज्ञ

डॉ. आशुतोष शर्मा

1. हिम्मत

देखी कभी,
हिम्मत,
बैंक पासबुक में बैठी,
या सूत्रबद्ध,
किसी गणित की किताब में,
या फिर फल बन लटकी,
किसी पेड़ से,
देखी हो कभी,
हिम्मत ।

ढूंढी कभी हिम्मत,
चाट के ठेले पे,
चटनी में लिपटी,
या फिर तैरती नाव में,
तख्ती के नीचे,
या चांदनी रात में,
अपनी परछाई के पीछे,
मिली क्या कभी?
हिम्मत ।

सुना था,
बड़े असाधारण काम करा डालती है,

ये हिम्मत,
जब खोजा आसपास,
तो कुछ आम से किस्सों में,
झलकती सी दिखने लगी,
चोट खाकर फिर से साइकिल सीखने वाले,
जिद्दी बच्चे के जज्बातों में,
टुकड़ा-टुकड़ा दिखने लगी,
खुद अपनी ही खुराफातों में,
जब समेटी तो आकार लेती मिली,
अपने ही विचारों में,
साधारण सी,
हिम्मत ।।

--आशुतोष शर्मा

2. मानव

हृदयों से युक्त मानव,
भाग्य का अभियुक्त मानव ।
कर्म जिसको है दबाए,
कायरों में नाम आए,
फिर भी छोटे-मोटे जश्नों पे,
विजय गीत जाए गुनगुनाए,
बाहर तो है डींगें हाँके,
रणक्षेत्र से लुप्त मानव ।
हृदयों से युक्त मानव,
भाग्य का अभियुक्त मानव ।।

उलझा है संवादों में,
वर्तमान में कुछ, कुछ यादों में,
घिरा हुआ है, जल्लादों में,
है कर्मों में कुप्त मानव ।
हृदयों से युक्त मानव,
भाग्य का अभियुक्त मानव ।।

पथ संकट से भरपूर है,
पर क्षितिज, अभी भी दूर है,
पहुँचना वहां, सोचा जरूर है,
आँख लग गई, सो गया,

हार तो, नींद का कसूर है ।
उठा नहीं अभी भी बंदा,
है अभी तक, सुप्त मानव,
हृदयों से युक्त मानव,
भाग्य का अभियुक्त मानव ।।

--**आशुतोष शर्मा**

3. अकेले

मोड़ ऐसे भी आए, अकेले खड़े थे,
सभी साथ वाले, लड़ आगे बढ़े थे ।

धीरे चलने का मतलब,
हार जाना है क्या !
जरा सोच तो लें,
हमें पाना है क्या ?
इसी कशमकश में ,
चंद लम्हे रुक खड़े थे,
मोड़ ऐसे भी आए, अकेले पड़े थे I

अकेला है माना,
हिमालय खड़ा,
अकेला रहा,
जो बना बहुत बड़ा,
पर हम तो मात्र 'क्षण-भंगुर' प्राणी ही थे,
कहां हम बड़े थे ?
फिर मोड़ ऐसे क्यों आए, अकेले खड़े थे ?

दौर गुजरा,
पर लोग, पुरानी बातों पे ही अड़े थे,

जीत के लोभी भी अब,
मौज करने किनारे खड़े थे,
कल ही अभी,
नए मोड़ों पर हम अकेले चले थे,
थक कर दम लेने वाले,
अब पीछे पनवाड़ियों पे, भीड़ में भी होकर अकेले पड़े थे,
जब कशमकश में, हम अकेले खड़े थे I
अकेले खड़े थेतभी तो अकेले बढ़े थे |

-आशुतोष शर्मा

4. सेवकराम

फल तो मीठा कम है, थोड़ा,
कहना आसान है,
क्योंकि बगीचे को पानी देना, संभालना,
कौन सा अपना काम है,
बदी में तो हैं, हम सब शामिल,
उसका तो बस नाम बदनाम है,
उसका तो बस नाम बदनाम है II

वक्त पे हमसे भी तरफदारी ना हुई,
काम हो जाने पे ही पूछा,
फिर क्या ! हमारे लायक कोई काम है,
और उस पे भी हमारी नजर रहती है,
उनके हाथ में जो आज, सबसे बड़ा 'इनाम' है,
बदी में तो हैं हम सब शामिल,
उसका तो बस नाम बदनाम है I

थोड़ी सांसें फूली जब काम किया,
थके जब, बताना कहां करना अब विश्राम है?
हमने तो आज बस 'किशमिश' ही कमाई है,
पर उसकी वाली तो 'मूंगफली' भी, लगती 'बादाम' है,
ऊपर से उनके पास तो पूरा '2 किलो' का गोदाम है,
अपनी तो खांसी हमको कोविड-19 सरीखी कष्टकारी लगती है,

बात अलग है कि हुआ बस, थोड़ा सा जुकाम है,
बदी में तो हैं हम सब शामिल,
उनका तो बस नाम बदनाम है I

इतनी भीड़ है, उसके यहां,
क्यों भाई! क्यों हो रहा उसका सब 'नीलाम' है,
फिर इसमें क्या, हुआ इतना हल्ला क्यों है?
उसका घर ही तो है, चुप बैठो,
कौन सी 'वारदात-ए-पहलगाम' है,
खुद लड़ लेगा वो उनसे, बिना मदद ,
लगता पा लिया उसने भी 'भारत' सा मुकाम है,
बदी में तो हैं हम सब शामिल,
उसका तो बस नाम ही बदनाम हैI

संत तो वही है आज,
जो लेता 'हरिनाम' भी खुलेआम है.
सेवा करना, मदद करना,
उन सब कामों के लिए ही तो वो है ना,
जो अपना 'सेवकराम' है,
ज्यादा हो जाएगा अगर, और सच लिख दिया,
इसलिए कलम को यहीं विराम है,
बदी उसकी नहीं थी इतनी,
जितना आज वो बदनाम है,
वही जो अपना 'सेवकराम' है I

--आशुतोष शर्मा

5. अब कहां ?

धूल से भरा सामान,
ऊपर मकड़ी का जाल।
ना कोई खिड़की रोशनी देती,
हुआ पड़ा जीना मुहाल।
दीवार की उतरती पपड़ी,
गहरा अवसाद।
पहले विदेश की चाहत,
फिर पासपोर्ट का प्रसाद।
एक तरफ कनाडा के शहर,
दूसरी ओर अपनापन,
और यह पंजाब की नहर।
यह कहानी घर-घर की है,
पर पंजाब में भी, कहां कोई कड़की है।
बस एक भीड़ चाल है,
कर देती जीना मुहाल है।
बने मकान उजड़े से।
राह देखते हैं, प्रवासी हुए अपनों की।
बाट जोहते हैं, उन सपनों की,
जो सोच भेजा था उनको,
कि वापस यहां...
रहने दो,
अब कहां ?

--आशुतोष

शर्मा

6. गहरी किताब

पढ़ा है कोई चेहरा कभी,
लिपटा नकाब में,
डूबे हो तुम कभी,
क्या किसी गहरी किताब में ?

चुप रह के भी बुलंद किया है,
कभी इंकलाब को,
सूंघ कर ही चख लिया हो कभी ,
किसी व्यंजन 'लाजवाब' को,
मजा मिला क्या कभी,
मुफ्त के खिताब में,
डूबे हो तुम भी,
क्या किसी गहरी किताब में?

क्या पता चाय पीकर,
थोड़ी नींद आ जाए,
नहाने से क्या पता,
थोड़ी गरमाई मिल जाए।
तैरने उतरते हो,
रोज़ सूखे तालाब में,
डूबे नहीं क्या कभी,
किसी गहरी किताब में?

कानों से देखा,
जब कभी भूल जाएगा,
लौ का अंधेरा भी जब कभी,
कोई घर जलाएगा,
हर वो शख्स जो मुर्दा सा है,
वो भी जाग जाएगा,
अगर बच गए,
तो मिलेंगे इसी गहरे सैलाब में।
डूबने नहीं जाना क्या फिर,
किसी गहरी किताब में?

—आशुतोष शर्मा

7. मददगार

सुना है वो बड़ा ही मददगार है,
मदद करने को खोला एक व्यापार है,
शुरू में शोर खूब था उसका,
फिर और बढ़ाना सीख लिया,
खुद भी प्यासा था वो भले,
पर दूजों की प्यास बुझाना सीख लिया,
स्कूटर पर अपने चार-चार बिठा,
बना डाला उसे ही बड़ी कार है,
सुना है वह बड़ा ही मददगार है ।

बड़ी कुर्सी का भी कभी मान नहीं करता,
चूहे से डर जाएगा,
बस मुसीबत से तो बिल्कुल नहीं डरता,
खा के लोगों की पोटली से बादाम 'चालीस',
हो जाता अमीरों का तरफदार है,
सुना है वह बड़ा ही मददगार है ।

परछाई अपने से बड़ी जान,
ज्ञान से भी बड़ा है उसका अभिमान,
छोटे जब अपनी जरूरत पर हल्ला करेंगे,
ऐसे में, पहले भी वह दुबका कई बार है,
समझ थोड़ी कम है भले,

पर फिर भी लगता तो वो समझदार है,
सुना है वो शायद मददगार है ।

भूखों को भरपेट लालच दिखाना,
मालिक की मालकिन को सुंदर बनाना,
लंगड़े को जूते खरीदवा तेज चलाना,
मैदे को आटे से बढ़िया बताना,
फिर टीवी पे ये 'जीभ केसरी' को अच्छा दिखाना,
चार आने से आठ नहीं, बारह आने बनाना,
बड़े व्यापारियों का भी अजीब संसार है,
सुना है ये सारा संसार ही मददगार है।

वैद्य लालची तो बीमारी रहेगी,
स्वास्थ्य बीमा पर सर्जरी भी छिप-छिप के हंसेगी,
कुदरती जन्म भी सब ऑपरेशन से होंगे,
बिना जरूरत के स्टंट भी डलते रहेंगे,
जख्म पे आम लोगों की बस थोड़ी मिर्ची लगेगी,
कौन सा वह बड़ा कोई गुनाहगार है,
सुना है बड़ा ही मददगार है ।

अच्छा टीचर-फटीचर पैसे को तरसेगा,
प्राइवेट स्कूल के मालिक पर अपार धन बरसेगा,
मास्टरी की नौकरी छोड़, ट्यूशन का धंधा फलेगा,
अब किसी मदद गुरु, मुफ्त में ना करेगा,

ऐसा लगता क्या तुमको भी आसार है?
सुना ही है वो बड़ा ही मददगार है ।

--आशुतोष शर्मा

8. आग

हल्के में ना लेना कभी आग को,
हवा देना मत, बेमतलब के किसी लाभ को,
लगे भले ही बचकानी सी, मासूम भी,
रौशनी को भी दे तल्खी,
जला दे हर चिराग को,
पर फिर भी हल्के में ना लेना,
कभी आग को,
फिर भी,
हल्के में ना लेना कभी आग को II

बंदिशों में रहे, चूल्हे में जले,
हर भूखे को दे भोजन,
सबका पेट भरे,
क्रोध में, जब कभी भी उठ,
'तड़ित-सी' तांडव करे,
याद लाक्षागृह की राख को,
तब-तब हर पांडव करे,
जला दे,
जंगल-पहाड़ खेत-खलिहान, और बाग को,
हल्के में ना लेना कभी आग को I

बुझते अंगार को जो हवा दे, पुरवाई सी,

जबरदस्ती की चिंगारी हो, लौट आई सी,
या हो कोई बात बस्ती में, मस्ती की,
जब आ जाए, कभी जो अपनी करनी पे,
खबर ले लेगी, उसकी भी, बड़ी हस्ती की,
जरूरत पे ही, उसको फिर सुलगाना तुम,
जले घर किसी का, तो मत मुस्काना तुम,
आग है, घरों में भेद नहीं करती,
बुलाओ चाहे कितना, फिर दमकल विभाग को,
हल्के में ना लेना कभी आग को I

कभी दिल में लगी है आग क्या?
कुछ कर दिखाने की,
या फिर 'भगत सिंह' सरीखी,
खुद बुझ, हज़ारों नए दीए जलाने की,
फिर सर्द रातों में तो इत्मीनान से सेकी जाती है,
पर क्रोध की अगन,
धीरे-धीरे सब कुछ जलाती है,
पूजा की थाली में,
अगरबत्ती इसी से तो सुगंध पाती है,
बंदिशों में रहे, तभी कद्र पाती है,
तो यूं ही तुम न गाना,
'दीपक' राग को,हल्के में ना लेना, दोस्त कभी आग को,हल्के में ना लेना कभी भी आग को I

--आशुतोष

शर्मा

9. राजनीति

बातें-वातें छोड़ो, सीधा राजनीति पर आते हैं,
रस्सी रखी, सुना है उसने अपनी पोटली में,
सामान बांधने को,
वह कहीं उसके काम ना आ जाए,
चलो रस्सी को सांप बताते हैं,
बातें-वातें छोड़ो, चलो सीधा राजनीति पर आते हैं।

वैसे तो हर किसी में, कोई कमी भी होती है,
बस यह नेताओं की ही जमात है,
जो चादर तान के सोती है,
सब भूखे, बेचारे बेघर, किस्मत लॉटरी, बद्ज़ुबानी ,
सभी इन्हीं के यहां तो होती हैं,
बड़े लोगों के तो यहां टॉमी के लिए भी,
अलग से बिस्तर और चादर होती है,
कभी-कभी गरीबी से वह उठते हैं,
कुछ कलाकार, बाजीगर, थोड़ा मेहनत करते हैं,
सम्मान पाते हैं,
पर जो, रस्सी को सांप बताते हैं,
तूती तो उन्हीं की बोलती है,
राजनीति में वही छा जाते हैं,
सब शांत-सा है, चुनाव ना हार जाएं कहीं,
विपक्ष वाले बाजी ना मार जाएं कहीं,
जाओ, कुछ मुद्दे ढूंढ के लाओ,

उठो, मेरे कार्यकर्ताओं राई का पहाड़ बनाते हैं,
यह डर ही तो है, जिससे डरती है जनता,
और भूख की खातिर लड़ने वाले,
अक्सर भूखे ही सो जाते हैं,
चलो रस्सी को सांप बताते हैं।
बातें-वातें छोड़ो, चलो सीधा राजनीति पर आते हैं।

समझबूझ की बात नहीं,
सीधा ताना मारकर खत्म करें,
इतना समय किसके पास है,
कि समझने समझाने का यत्न करें,
बस पीछा ही तो छुड़वाना है उनसे,
जो 'शोर' सा गाना गाते हैं,
भूखे ना हों, तो सबको,
सलाद के खीरे को भी मत खाना कह,
'मिर्च' सा तीखा बताते हैं,
चलो, मान लें, इनकी भी,
चलो, तिल को ताड़ बनाते हैं,
चलो राजनीति में आते हैं,
रस्सी को सांप बताते हैं।

रस्सी खो गई, अब क्या,
भेद कहीं ना खुल जाए,
मिट्टी में पानी कीचड़ होगा,
क्यों न पानी में मिट्टी घुल जाए,

झूठा इतिहास बताने को,
बातों पर बात बिठाने को,
किसी अभिनेता को ले आओ,
जो बातों की रस्सी बना देगा,
फिर उसको सांप बता देगा,
इस बार ‘आभासी’ सांप बनाते हैं,
चलो मोबाइल में उसको दिखाते हैं,
यहां कौन तथ्य जांचेगा,
सब इसको सेवा ही तो बताते हैं,
चलो राजनीति पे आते हैं,चलो राजनीति पे आते हैं।

--आशुतोष शर्मा

10. कटु वचन

शीत युद्ध का मजेदार औजार है,
कटु वाणी भी आज एक हथियार है।
ऐसा मानने वालों की भी,
अजीब ही दुनिया, अलग ही कतार है।

वाणी तो निर्मल चाहिए,
फिर यह कैसा, इसमें कोई सुधार है?
कटु वचन तो दुखद ही रहेंगे, हमेशा,
यह किस रोग का फिर कैसे, कोई उपचार है?

कोई और बात हो तो बताओ !
यह कौन-सा नया कोई समाचार है?
बुरा भला बार-बार कहता है,
लगता है, वह थोड़ा बीमार है।

काफी समझाया सबने मिलकर,
सारी सिखलाई गया वो तो डकार है,
जिससे उलझेगा खा जाएगा,
हर आदमी थोड़े न 'आचार' है।

कोई मिलेगा जल्दी ही उसको भी अब,
जिसके हाथ धारदार कोई तलवार है,
बात का जवाब अस्त्रों-शस्त्रों से देगा,
युद्ध का ‘दूसरे’ वीर को भी तो अधिकार है,
कहां सबकी वाणी कहीं मिश्री-सी है?
दूसरा भी तो रूप कड़वे करेले का ही ‘साकार’ है।

निर्मल मानव मन बचता है कड़वे बोलों से,
कटु वचनों की पुनरावृत्ति भी तो बेकार है,
कड़वे कथनों से बचे हर कोई,
भले ही कोई अमीर सुनार है, या गरीब लोहार है ।

होती बातों से कोई लड़ाई नहीं,
बोलना तो बस सूचना का संचार है।
हमारे कथन सुन, कड़वे बोलों को त्यागा,
तुम्हारा बहुत ही आभार है।

तुम अब भले सबके चहेते ना बनो,
पर बचा लोगे उन भावनाओं को,
जिन्हें किया पहले तुमने तार-तार है,
वह भी इक नहीं कई-कई बार है।

बुरे नहीं थे शायद, जब बुरा बोलते थे,

लगता, हुआ तुम पे भी कोई अत्याचार है,
कोई गहरा आत्मा पे आघात था क्या?
या कोई मन में मवाद भरा था?
हर मर्ज का दुनिया में उपचार है।

चलो छोड़ो जो बातें बीत गई,
आज का तो यही बड़ा समाचार है।
अच्छा बोलोगे आज से हर किसी से,
कर लिया तुमने अब स्वीकार है,
देखना अब होता क्या चमत्कार है?
देखना अब क्या होता चमत्कार है?

--आशुतोष शर्मा

11. मुश्किल

ज़िंदगी है मुश्किल,
है जीना भी मुश्किल ।

हर कोई यहां देवता है बना,
पूजो तो मुश्किल,
ना पूजो तो मुश्किल,
पर निकलते हैं जब नए परिंदों के,
उड़ ना पाएं तो मुश्किल,
दूर उड़ जाएं तो मुश्किल,
ज़िंदगी है मुश्किल,
है जीना भी मुश्किल ।

सगे अपनों से जब भी लड़ाई हुई है,
जीतो तो मुश्किल,
ना जीतो तो मुश्किल,
अंग्रेज़ी में जब से पढ़ाई हुई है,
हिंदी जो आती हो तो मुश्किल,
न आती हो अंग्रेज़ी तो मुश्किल,
ज़िंदगी है मुश्किल,
है जीना भी मुश्किल ।

तरक्की की खड्डी पे ताने-बाने बहुत हैं,
उलझो तो मुश्किल,
न उलझो तो मुश्किल,
पैसे को हर कोई बचाता फिरेगा,
कमा ना पाए तो मुश्किल,
ज्यादा हो जाए, चोर पड़ जाए तो मुश्किल,
ज़िंदगी है मुश्किल,
है जीना भी मुश्किल ।
रोटी कमाने नए शहर आ बसे हैं,
इस शहर में कोई ना जाने तो मुश्किल,
हर कोई दूर से पहचाने तो मुश्किल,
एक बच्चा हम बूढ़ों में जिंदा है, शायद,
इसे जो पालें तो मुश्किल,
ना पालें तो मुश्किल,
ज़िंदगी है मुश्किल,
है जीना भी मुश्किल ।

सोचा इस दुनिया में औसत हो जाएं,
औसत भी ना हो पाएं तो मुश्किल,
औसत जो कहलाएं तो मुश्किल,
सुना है वो दर्द छिपाने लगा,
छुप ना पाएं आंसू तो मुश्किल,
छिप-छिप के अकेले में,
जो रोते दिन बिताएं तो मुश्किल,
ज़िंदगी है मुश्किल,
है जीना भी मुश्किल ।

तैरना सीखेंगे कि गहराई में मोती बहुत हैं,
गहराइयों में उतर जो ना पाएं तो मुश्किल,
उतरें और फिर डूब जाएं तो मुश्किल,
ज़िंदगी है मुश्किल,
है जीना भी मुश्किल ।

मुश्किल को आसान बनाएंगे कैसे,
खुद ही ना सीख पाए,
तो दूजों को सिखाएंगे कैसे,
ज़िंदगी रहते सीख ना पाएं तो मुश्किल,
सीख लें और सिखाने तक जी न पाएं तो मुश्किल,
हाल-फिलहाल तो बस,
ज़िंदगी है मुश्किल,
है जीना भी मुश्किल ।

--आशुतोष शर्मा

12. अधूरी कविता

पहचान मेरी,
अधूरी कविता,
गलती हूँ किसकी?
कवि की, कलम की?
पूरी ना थी,
उसने आधी खत्म की,
पहचाने शायद, कल वो भी मुझको,
जो आज मुझसे यूँ अनजान है,
सुना कवि तो कहीं आज मेहमान है,
अधूरी तो बस मेरी पहचान है,
पहचान मेरी,
अधूरी कविता I

है कोई क्या आधी कहानी बनी?
बांझ भी क्या कभी कहीं नानी बनी?
अजीब चित्र है,
गजब इसका आधार है,
आधी नदी, आधा पुल, आधा मल्हार है,
दादी को होती है सबसे अधिक,
कुंवारी पोती के ब्याह की चिंता,
नाम का क्या फिर,
भले हो बविता, या सविता,
पहचान मेरी,

अधूरी कविता I

क्या आधी किसी ने कहानी लिखी,
जिसमें दिखा सिर्फ नायक,
पर न नायिका दिखी,
या आधी जो बीच में रुक-सी गई,
पूरी करने को पाठक की कल्पना जुड़ी,
सहूलियत के हिसाब से मुड़ने वाली,
इधर मुड़ी, या उधर मुड़ी,
मनमर्जी की अपनी,
जैसे मिली कद्र,
या जैसा मिला कद्रदान,
वैसी ही हो जाती है,
कविता की पहचान,
फिलहाल मुझे पूरा ना जान,
क्योंकि अभी है मेरी अधूरी पहचान,
पहचान मेरी,
अधूरी कविता I

कलम में शायद,
पूरी स्याही ना थी,
पर विचारों की तो कवि मन में,
कहीं कोई कमी ना थी,
या आया मझधार में ही कोई,
कवि से मिलने,

छोड़ दी जो ऐसे जो हो पान की 'पीक' सी,
लालिमा से भरी है मेरी पहचान,
पहचान मेरी,
अधूरी कविता I
चांद भी पूर्णमासी को पूर्ण हुआ,
यज्ञ भी पूर्णाहूति से संपूर्ण हुआ,
पर अधूरी कथा की कहानी अलग थी,
अब खुद ही पूरी करना तुम,
अपनी कल्पना से,
किसी पूर्णमासी को कर हठधर्मिता,
अभी तो पहचान मेरी,
बस इक अधूरी कविता I

--आशुतोष शर्मा

13. चाहत

अभी कल ही एक दीवार रोती हुई कहने लगी,
थोड़े और बड़े हम दीवारों को कान चाहिए,
हैसियत से ज्यादा जो दान दे,
बस एक ऐसा हमें आदमी, यजमान चाहिए ।

चाहतों की सूची बस दस पेज में ही तो है,
कहां कहीं दूर रखी है,
यह हाथ में ही तो है,
कौन सी [illegible] [illegible] की ख्वाहिशें हैं [illegible],
बस अकेले की ही तो है,
अभी बच्चे हैं, जरूरतें कम हैं,
बहलाने को मन बस झुनझुने सा कोई सामान चाहिए,
हैसियत से ज्यादा जो दान दे, ऐसा यजमान चाहिए ।

जो चाह पूरी ना हुई तो हम रूठ जाएंगे,
मुंह से निकल तुम्हारे सब सच, या झूठ जाएंगे,
ढकी रहे नकाबों में शक्ल,
दीदार जो हो गया तो दोस्त छूट जाएंगे,
आखिर रूठे हुओं को भी तो थोड़ा सम्मान चाहिए,
हैसियत से ज्यादा दान दे, वो यजमान चाहिए ।

रौशन नहीं भले वो, दिन से मात खाती है,
फिर भी मेरे दोस्त, रात रोज आती है,
कई रातों से थके, अंधेरे में उदास बैठे हैं,
यही है मलाल,
तभी तो मन बहलाने को, ग़ालिब का ख्याल,
हरिवंश की कविता, या विक्रम बत्रा जैसा सम्मान चाहिए,
हैसियत से ज़्यादा दे जो दान, ऐसा यजमान चाहिए I

मुश्किलों से डर के जो भाग जाएंगे,
वो कल भी जाएंगे, या वो आज जाएंगे,
जाने के लिए बड़े शहर एक थैला ही दे देते,
इतने इकट्ठे किए अरमान कैसे साथ जाएंगे,
नए शहर में जहां जा मिलें बड़े 'तलवे',
चापलूसों के वास्ते भी कोई बड़ी सी दुकान चाहिए,
हैसियत से ज़्यादा दे जो दान, ऐसा यजमान चाहिए I

सब की सोच एक सी, इक ही विचारधारा हो,
सबकी ही हो शादी, कभी ना कोई कुंवारा हो
वो भी घर बैठे,
जो थोड़ा ज़्यादा आवारा हो,
लटक जाएं वो फंदे से, जिनके तौर-तरीके हैं हमसे जुदा,
बस ऐसा एक 'तुग़लकी' फरमान चाहिए,
हैसियत से ज़्यादा दे जो दान, ऐसा एक यजमान चाहिए।

सारे नर इतने अक्खड़ हैं क्या?
देखा नहीं खाना कभी, थोड़े भुक्खड़ हैं क्या?
जिस चीज़ की ज़रूरत हो वो लेकर आए अभी,
जो आज बूढ़ा हो, पर जवान रहा ही न हो कभी,
मिसाल के ही नाते ऐसा ही, इक अदद इंसान चाहिए,
हैसियत से ज़्यादा दे जो दान, ऐसा यजमान चाहिए।

सेहतमंद, अमीर, प्रसन्नचित्त या मशहूर हो जाएं,
हर इंसान की अलग-अलग हसरतें हैं,
पर टाँग, बाजू, या फिर पेट,
सबके लिए अलग-अलग ही कसरतें हैं,
और फिर सिर्फ खाना, पानी, कपड़ा ही तो,
मानव जीवन की मूलभूत ज़रूरतें हैं,
इनसे इतर एक बड़ा-सा मकान चाहिए,
बिना मेहनत मिल जाए झट से,
ऐसा और इक 'फ़िल्मी-सा' कोई सम्मान चाहिए,
हैसियत से ज़्यादा दे जो दान, ऐसा यजमान चाहिए।

चाहतें ऊपर लिख के तो बताई थी,
बस दस एक पन्नों की ही तो सूची बनाई थी,
पर ऊपर वाले ने भी अनदेखी की,
कहां उसने कोई इसमें कोई रुचि दिखाई थी,
सब हमें मेहनत का ही तो भाषण देते हैं,
कौन-सा भूखे को साल भर का राशन देते हैं,
चलो, चाहतों पे हमारी अब और चर्चा ना हो,

चुप बैठो, चंद लम्हे तो सबको ही आराम चाहिए,
कुछ भी दो रख ही लेंगे अब,
बस अब तो कोई भी, कैसा भी यजमान चाहिए,
पर बस इतना पक्का करा दो,
कि तिहाड़ में बैठे चाहतमंदों का भी होना नहीं अपमनहीं तो,
हैसियत से ज्यादा दे सके जो दान, वैसा ही हमें यजम|न चाहिए।

-आशुतोष शर्मा

14. फूल और माली

आज वसंत में,
जो फूल डाली पे मुस्काया है,
मेहनत तो ये माली की है,
जो समय पे उसने पौधा लगाया है।

मिलने लगी हैं सस्ती चाकू-छुरियाँ,
कुछ बंजारों ने पास ही में डेरा जमाया है,
ज़रुरत के हिसाब से चीज़ें इस्तेमाल होती हैं,
चाहे धमकाना है, फिर या चाकू से खाना बनाना है ।

खाना खाकर फुलवाड़ी की सफाई करनी होगी,
मालिक ने आज माली को थोड़ा धमकाया किया है,
मेहनत करने वाले ही बदलते हैं दुनिया,
निकम्मों ने तो मेहनत को भी हमेशा धोखा ही बताया है।

आँसू जो इतने निकले हैं, क्या किसी ने दिल दुखाया है,
या कोई पुराना घाव कोई फिर से उबर आया है,
जो तोड़ा था किसी ने कल,
आज तो वो फूल भी कुमलाया है।

थोड़ा ज्यादा ही जोर लगा दे जो,
तो उसे भी जाता हमेशा धक्का बताया है,
कोई आज फिर से ना ले तोड़,
माली लेके आज साथ डंडा आया है।

फूलों ने ही बगिया को पुरजोर महकाया है,
साफ़ सी क्यों ना लगे पत्तियाँ,
शबनम ने आज उनको,
सुबह-सुबह ही तो नहलाया है।

माली तो ढूंढ़ने में लगा रहा डंडा मजबूत,
इसलिए तो आज नहा नहीं पाया है,
मंदिर की ड्योढ़ी या बालों का जूड़ा,
फूलों से ही हमेशा श्रृंगार पाया है ।

उसके घर में भी कोई किलकारी गूँजी है,
जो भार्या है या तो मालिक की कुलजाया है,
फूल सिर्फ महका ही नहीं ये वाला,
रो-रो के आसमान भी सर पे उठाया है।

ये फूल भी कल उठेगा थोड़ा भर,
कुछ ज्यादा ही कर्ज़ा जो मालिक पे बकाया है,
फिलहाल तो बात करें लड्डू की,

जो आज हमने खाया, इन्हें खिलाया है।

नाम तो मतलब का, कुछ भी रख देंगे अब वरना,
गुलाब-जामुन में के डब्बे में कभी कोई जामुन या गुलाब कही आया है?
माली को भी पुरस्कार में दे दो, दो गज कपड़ा,
पूछना मत फिर की सर पे लिया या पायजामा सिलवाया है।

रूठ के चला गया था वो, ज्यादा कमाने को,
शुक्र है आज काम पे फिर लौट आया है।
चलो थोड़े उसके पैसे भी बचा देनेवालों से इसी बगिया में जो उसने डेरा जमाया है।

15. प्रयत्न

रघुपति ने नीति सिखाई थी,
कृष्ण ने बंसी की धुन सुनाई थी,
पर सब नीति या बंसी से कहां हुआ ?
युद्धारंभ में फिर शंख गई बजाई थी
भस्मासुर मर्दन करने को,
अब डमरू संग त्रिशूल भी धरना होगा,
प्रयत्न तो भई करना होगा।

कविता में रस लाने को,
छंदों में भाव बिठाने को,
मृदु-बाला को और सजाने को,
श्रृंगार केंद्र के लोगों को,
रूप कायाकल्पित कराने को,
अपनी क्षमता का दम भरना होगा,
प्रयत्न तो भई करना होगा।

ब्रह्मा को सृष्टि रचाने में,
शिव को तांडव दिखलाने में,
अर्जुन जैसे योद्धा से भी,
महाभारत करवाने में,
केशव को गीता ज्ञान का वर्णन सरल करना होगा,
प्रयत्न तो भई करना होगा ।

हर कालखंड में, हर जमाने में,
निठल्ट्लों से काम कराने में,
अपना तुक चलाने में,
जरूरी नहीं की लोगों के अंदर,
उपहास का डर भरना होगा,
पर प्रयत्न तो भई करना होगा ।

कुछ अच्छे पल बीत गए, तो क्या ?
कुछ प्रतियोगिताओं में जीत गए, तो क्या ?
कुछ तमगे ले आए, तो क्या ?
पर स्वर्ग-सा जीवन पाने को,
जरूरी तो नहीं कि मरना होगा,
पर प्रयत्न तो दोस्त करना होगा ।

अलग योग्यता पाने को,
उत्तीर्णों में भी अव्वल हो जाने को,
अगलों से आगे जाने को,
सुबह जल्दी उठना,
या देर रात तक जगना होगा,
प्रयत्न तो भई करना होगा।

लालच, लज्जा, लालसा से लड़,

अच्छा व्यक्तित्व बनाने को,
स्वस्थ-सा जीवन पाने को,
व्यक्ति विशेष कहलाने को,
आत्मविश्वास का स्वयं में भाव भरना होगा,
प्रयत्न तो भई करना होगा।

अगर बिछड़ों का 'मिलाप' कराना है,
शिक्षण को सुलभ बनाना है,
राष्ट्रपति से 'पद्मश्री' पाना है,
'पूनम' सा जीवन पाने को, 'आर्य रत्न' कहलाने को,
रास्ते की चुनौतियों से,
बिलकुल भी नहीं डरना होगा,
प्रयत्न तो भई करना होगा।

--आशुतोष शर्मा

16. उलझे से धागे

लौट कर नहीं आते कभी,
जो भरा-पूरा कारवां छोड़कर हों भागे,
समेटें जब किसी पतंग की डोर को,
हाथ आते हैं बस उलझे से धागे।

पतंग ने ही हम-बिरादर पतंग काटी,
हाथों से फिसल गई,
या दूर किसी बीहड़,
वीराने को निकल गई,
अब कौन कटी पतंग की,
बारीक तहकीकात के पीछे भागे,
समेटें जब किसी पतंग की डोर को,
हाथ आते हैं बस उलझे से धागे।

हाथ से गई पतंग,
तो मानो दिल ठहर गया,
उस सुनार की सिसकी की तरह,
जिसका सोना चोरी में निकल गया,
कई बार माहिर पतंगबाज से भी,
निकले कटी पतंग कोसों आगे,
समेटें जब किसी पतंग की डोर को,
हाथ आए बस उलझे से धागे।

रूठा-सा कोई बच्चा,
हठधर्मी, पर दिल से सच्चा,
ज़िद करे मैं भी उड़ाऊंगा,
पतंग को दूर हवा में पहुंचाऊंगा,
जब देर तक डोर हाथ में ना थमाई जाए,
तो डोर को छीन, सब तोड़-तूड़ के भागे,
समेटें जब किसी पतंग की डोर को,
हाथ आए बस उलझे से धागे।

उलझी डोर सुलझाएं कैसे,
उस बच्चे को मनाएं कैसे,
ज़ोर से डोर झटकने की आदत वाले,
हल्के हाथों से,
उलझनों से बीच से,
डोर का किनारा घुमाएं कैसे,
और जेब में पर्याप्त पैसा भी नहीं,
तो डोर का नया गोला फिर मंगवाएं कैसे ?
डोर की और गरीबी की,
दोनों की उलझन बढ़ रही है,
बस अब कोई कैंची या चाकू ही दे भागे,
समेटें जब किसी पतंग की डोर कोहाथ आए बस उलझे से धागे

--आशुतोष

शर्मा

17. रिवाज़

कहते हैं बुजुर्ग,
इस जग में कुछ भी नहीं निरर्थ है,
घटित होती है जो घटना,
उसका कोई तो उद्देश्य या कोई अर्थ है ?

पर समंदर में हो जो वृष्टि,
उसका होना क्यों लगता हमें व्यर्थ है?
मुद्दे पे कुछ ना बोलना, दाएं-बाएं करे जाना,
सदन में ऐसी चर्चा का भी क्या कोई अर्थ है?

जो न करे असर औषधि,
वो वैद्य की दुकान पे रखना भी व्यर्थ है।
उसी के बोलों की, फिर कदर क्यों है ?
जो अपनी बात पटल पे रख पाने में समर्थ है।

जानबूझ कर करे दूसरों को नुकसान,
ऐसा तर्क भले सच्चा हो, पर कुतर्क है।
भीड़ पे चला दे जो गोली 'डायर सी',
ज़रूर कोई मनोरोगी रहा होगा, या वो विक्षिप्त है।

उस चारदीवारी में कोई अधूरी कहानी है क्या?
कहते हैं ये मकान काफी अरसे से अभिशप्त है।
जाओ, किसी ओझा को बुला लाओ,
जो शाप को भी बोतल में भरने का अभ्यस्त है।

सब व्याकुल करने वाले विचार कवि न लिख पाएगा,
पारंगत नहीं अभी कवि वो, नियुक्ति उसकी तदर्थ है,
हर रीत पे सवाल न हो कोई,
बस रिवाज़ हैं ये, इन पे ज़्यादा वैधानिक चर्चा भी व्यर्थ है।

--आशुतोष शर्मा

18. आग की ज़रूरत

आज यहां राख सी है,
पहले आग किसी ने जलाई होगी,
क्यों लगाई होगी आग?
क्या ज़रूरत बन आयी होगी?

या तो होगी सर्द रात में,
गर्मी पाने की कोई चाहत,
या जंगली जानवरों से बचने हेतु,
कि कहीं न आ जाए कोई आफत।

या फिर रातें रोशन करने की,
कोई चाहत रही होगी,
लकड़ियां इकट्ठी करने में भी,
ना जाने क्या-क्या मशक्कत करी होगी।

या किसी भूखे ने इसमें,
खाना कभी पकाया होगा,
या फिर प्रारब्ध ने अग्नि से,
किसी का कुछ जलवाया होगा।

साजिश या फिर हो सकती है,
किसी दूजे की चीज़ जलाने की,
आग ना करे कोई भेदभाव,
फिर चीज ढिमके की हो या फलाने की।

भेदभाव न करो कभी तुम,
जो आग सा सम्मान पाना हो,
देवता, या फिर मुक्ति धाम में,
मुक्ति द्वार कहाना हो।

अंतिम स्वाहा करना हो,
या लकड़ी से कोयला, कोयले से राख हो जाना हो,
चूल्हे में हो के विराजित या फिरघर-घर की ज़रूरत कहलाना हो।

--आशुतोष शर्मा

19. ख्वाबों के आशियाँ

ज्वार आते हैं जब यादों के समंदर में,
ख्वाबों के आशिया भी बह जाया करते हैं,
यह ख्वाब चीज क्या है जनाब,
जाने क्यों लोग ख्यालों पे वक्त जाया करते हैं ?

चुटकुलों पे भी खुल के फिर हस नहीं पाते,
बस हल्के से ही मुस्कुराया करते हैं,
ग़म हो तो रो भी नहीं पाते,
मुश्किलों को कुदरत के कहर भी बताया करते हैं।

कोशिश खुद करते ही नहीं कभी,
कोशिश में लगों को भी अति-महत्वाकांक्षी बताया करते हैं,
कह देते हैं कि रेल देरी से थी,
जब कभी देर से आया करते हैं।

जाने ये 'इश्क' में ऐसी क्या बला है,
सब इसे इम्तिहान जो बताया करते हैं,
सबको यहां मोहब्बत तो खुद से ही है,
दूसरों से तो यूं ही बस इश्क फरमाया करते हैं।।

-- आशुतोष शर्मा

20. डर

डरना इंसान की कोई,
मजबूरी तो नहीं,
बुरा ही हो हर डर,
जरूरी तो नहीं।

चोरी का डर,
अगर न सताएगा,
कैसे कोई मुलाजिम,
पुलिस की नौकरी पाएगा,
ताले बनाने वालों का भी,
कारोबार ठप्प हो जाएगा,
हथियारों की भी जरूरत न होगी,
परमाणु बम का परीक्षण,
कोई देश आखिर फिर क्यों ही कराएगा ?
क्यों बीमे की किश्त भरेगा कोई,
या कहो कि क्यों ही बीमा कराएगा ?
डर से ना डरे कोई,
तो बवाल हो जाएगा।

विमान चालक को पैराशूट से कूदने की तैयारी,
वायु सेना में कोई क्यों ही कराएगा ?
इंसान, इंसान नहीं,

सांड कहलाएगा,
लाठी का डर ना होगा,
ठेले पर पिटते हुए भी सांड लौकी खाएगा।
कार्यस्थल सुबह वीरान होंगे,
समय पर नौकरी पे फिर कोई,
क्यों ही आएगा ?
बदमाश भी बदमाशी नहीं करेगा,
क्यों ही दबंग, दबंगई दिखाएगा ?
उसको भी डर न होगा,
कि लोगों का उसके डर पर से डर,
एक दिन उठ ही जाएगा।

डर को फिर तुम,
अपना गुरु बना लो,
इसको भी थोड़ा तो,
महान-वहान ही बता दो,
कोई व्रत ही रख लो डर का,
या आरती ही इसकी उतारो ।

डर जाने की कला का भी,
फिर तुम,
कोई इम्तिहान रख दो,
ज़रा-ज़रा सी बात पे जो डर जाए,
कोई जानवर न होगा,उसी का नाम फिर तुमकोई 'इंसान' रख दो।

--आशुतोष

शर्मा

21. चतुराई

कोई ऐरे-गैरे की बात नहीं,
समझदारों की फरमाई है,
जब-जब जान पर बन आई है,
चतुराई ने ही जान बचाई है।

हर चतुर कपटी नहीं होता,
नींद आए जो उसे भी, तो लेता जम्हाई है,
ठंड उसे भी लगती है,
सर्दी में सोता ले कर रजाई है।

सज्जन, सजग, अस्वस्थ, अडिग,
हर इक गुणवत्ता पाई है,
अपना खुद का कारोबार है उसका,
कौन-सा वो कोई घर-जमाई है ?

हर क्षण, हर जन से युद्ध नहीं,
यह बात भी अब समझ आई है,
उसको भी थक-हार के सो ही जाना है,
साथ में ही जो पड़ी चारपाई है।

अभी सोमवार को ही तो,
ठोंकरों से बचने की, बुद्धिमत्ता से योजना जो बनाई है,
छल-कपट नहीं कर सकती बुद्धि,
इसकी भी तो नेक कमाई है।

अकेले ही रह जाओगे तुम,
जो शादी नहीं रचाई है,
बुद्धिमत्ता तो साथ में ही है निहित,
अकेले में तो बस तन्हाई है।

चुप रहेंगे अब, जब-जब बोलना जरूरी न हो,
ये बात अब जाकर समझ में आई है,
जल्दी नहीं है कोई, जाने की,
तभी तो कुर्सी पीछे सरकाई है।

पीठ सीधी अब करने को अपनी,
कुर्सी की पीठ से पीठ लगाई है,
नहीं लड़ेगा मुझ पे बुद्धिमान जो बैठा है,
ऐसा मान कुर्सी भी खुद पे इठलाई है।

योजना से खर्च करो धन को,
इस शहर में हर मूर्ख जो कर्जाई है,
अपने धन को संभल के खर्चो,

यहाँ थोड़ी महंगाई है।

अपनी चतुराई पे थोड़ा मान भी करो तुम,
समझदारों की यही तो नेक कमाई हैजब-जब जान पर बन आई हैइसी
'चतुराई' ने ही जान बचाई है।

--आशुतोष

शर्मा

www.ingramcontent.com/pod-product-compliance
Lightning Source LLC
Chambersburg PA
CBHW070647240926
51846CB00003BA/811
* 9 7 8 9 3 7 5 1 0 8 5 3 5 *